SOLEDAD BRAVI è una delle illustratrici più famose e versatili del momento. Collabora da molti anni con riviste e settimanali, come «Elle», ed è autrice di libri per bambini e ragazzi. Ha due figlie.
Sonda ha pubblicato *La grande avventura dei diritti delle donne* (2018).
Il suo profilo Instagram ha oltre 130 mila follower.

Sonda

Pubblicato originariamente in Francia con il titolo
101 choses que je voudrais dire à ma fille

Illustrazioni di Soledad Bravi
Testi di Sierra Vandervort

Prima edizione italiana: novembre 2019

EAN 978 88 7224 067 0

Traduzione dal francese di Paola Costanzo

FSC
www.fsc.org
MISTO
Carta da fonti gestite
in maniera responsabile
FSC® C115584

Una volta letto questo libro
visita il sito delle Edizioni Sonda
(www.sonda.it).
Potrai trovare buone occasioni
per continuare a riflettere.

L'esperienza suggerisce
che è praticamente impossibile
pubblicare un libro senza errori.
Ringraziamo i lettori
che vorranno segnalarceli
scrivendo a: sonda@sonda.it

101 COSE CHE VORREI DIRE A MIA FIGLIA

Sonda

1

Sorridere
è la cosa più bella
che puoi fare.

2

Che nessuno venga a dirti
che non è musica
quella che piace a te.

3

Sappi che non esiste
una canzone più bella
di *In the Air Tonight*
di Phil Collins.

Grazie,
era buonissimo!
Ciao!
TAXI

4

Anche se ti offre una cena,
tu non gli devi niente.

5

Non ti va di sorridere? Non farlo.

6

Non farti convincere dagli uomini che vogliono cambiarti.

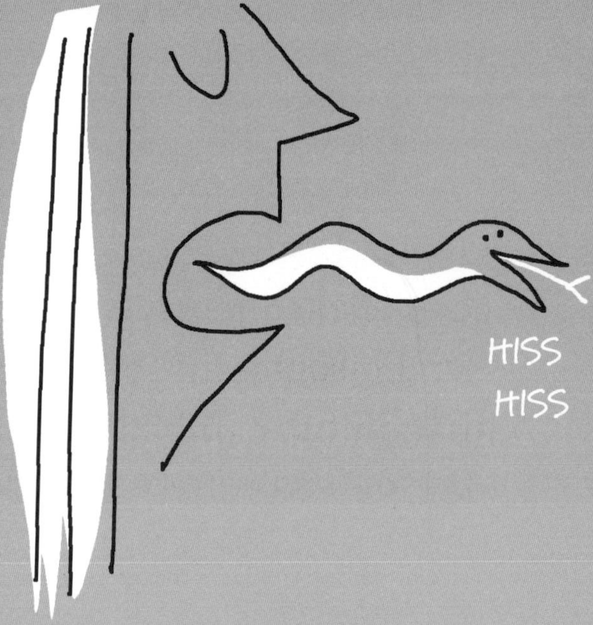
HISS
HISS

7

Non essere cattiva
con le altre donne.
Avrai bisogno di loro
quando tutte insieme
conquisteremo il mondo.

8

Accumulare cose
non serve a niente.
Semmai fai il pieno
di esperienze.

9

Hai il diritto
di pensare
che un'altra
donna è bella.

10

Trovati delle amiche
sulle quali potrai contare
in ogni situazione.
Anche le più difficili...

11

E tienti pronta
a fare altrettanto
con loro.

12

Lavati sempre il viso
prima di andare a dormire.

HA
HA
HA

13

Ti prego,
guardati *Friends*.

14

Se non vuoi fare
la principessa
o truccarti,
va bene.

15

Ma se ti va di farlo,
va bene lo stesso.

HOP

16

Prova però
a giocare a rugby:
fallo per me.

Pèèèèè

17

Fa' che la tua vita
sia divertente
quanto quella
che posti su Instagram.

18

Non avere pregiudizi
legati al genere,
all'origine, al sesso
e alla religione.

19

Siamo tutti persone.

20

No, non hai bisogno di un'amica per andare in bagno.

21

La tua situazione
non è mai
una scusante.

22

Puoi essere la migliore comunque.

23

Una candela accesa, un album dei Fleetwood Mac... e i problemi spariscono.

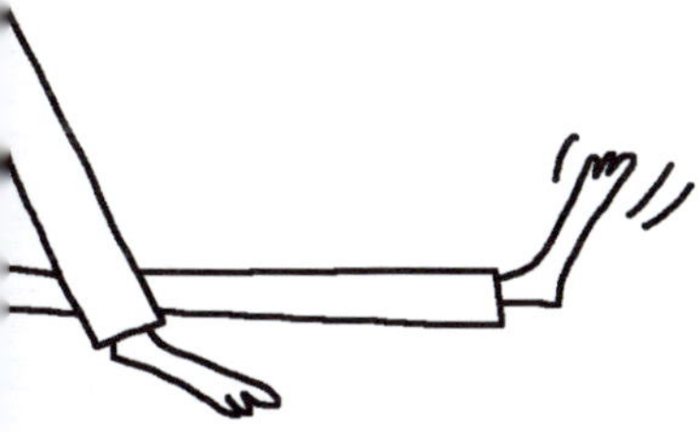

24

Se con loro non puoi stare
in tuta a berti una birra,
non sono veri amici.

25

Il tuo successo
non è il mio.
È tuo, e tuo soltanto.

26

Se lo vuoi davvero, parti per una missione umanitaria.

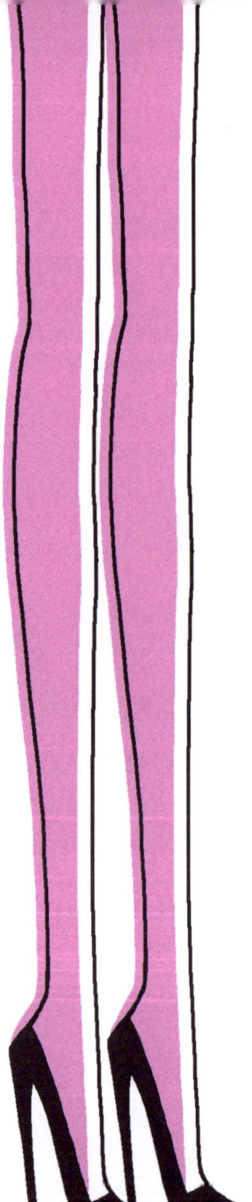

27

Anche se sei alta,
non rinunciare
al tacco 12.

28

Mi piacerebbe tanto che leggessi *Jane Eyre*.

29

Ma se dopo averlo letto, preferisci comunque *Twilight*, va bene lo stesso.

30

Però lascia perdere
50 sfumature di grigio,
non vale niente.

31

Le femministe non fanno paura.

Buongiorno

32

Non essere ingenua.

33

Almeno una volta
nella vita,
vai a un festival musicale.

34

Conserva i biglietti
come ricordo.

35

Non hai bisogno
di fare il bagno
nel profumo.

36

I succhi detox non sono né saranno mai una buona idea.

37

Non indossare
ciò che ti dicono
le giornaliste di moda.
Semmai, fatti ispirare
dai loro look.

SBAM
SBAM

38

Non farla passare liscia a chi ti fischia dietro per strada.

39

Credi
al tuo angelo custode.

40

Nuota tutta vestita.

41

Nuota tutta nuda.

42

Vivi con passione.

43

Vivi
con taaantaaaa passione.

MI FA
IMPAZZIRE
SBARELLO

44

Vivi con tanta passione
da far credere
di essere un po' matta.

45

La tua sessualità non definisce chi sei.

46

Non permettere a nessuno
di dirti che «passerà»,
se tu non ne sei convinta.

47

Resta concentrata
sulle cose che contano.

BUUU UUH
UUH

48

Hai il diritto di piangere.

OSA!

49

Mettiti in gioco.

50

Se si sente frustrato
perché fai carriera
e hai successo,
non ti merita.

51

Trovati un ragazzo
che abbia
più palle di te.

52

O una ragazza.

53

Va bene comunque.

54

Se tirano fuori
solo frasi fatte,
scappa a gambe levate.

55

Tu vali indipendentemente dal tuo aspetto, dalla tua età o dalla tua taglia.

56

Hai capito?
Non dimenticartelo.

57

Non vale la pena rinunciare
a un buon panino
per poter sfoggiare
con orgoglio un bikini.
Te lo garantisco.

58

Gli anni del liceo
non sono i più belli
della tua vita.

59

Forse
quelli dell'università.

Io
non sono
un numero!

60

Tira fuori la voce
e fatti sentire.

61

Abbandonati
completamente
alla musica,
senza preoccuparti
di capire le parole.

62

Mettiti le cuffie
e balla come un'invasata
in camera tua.

63

Non ti prenderò in giro,
te lo prometto.

64

Sii onesta,
senza doverti giustificare.

HAKUNA MATATA
Senza pensieri
la tua vita sarà.
Chi vorrà vivrà
in libertà.

65

Almeno cinque volte
nella vita,
devi guardare
Il Re Leone con me.

66

Ti auguro di incontrare
qualcuno che ti faccia
talmente ridere
da fartela addosso.

67

E di tenertelo stretto.

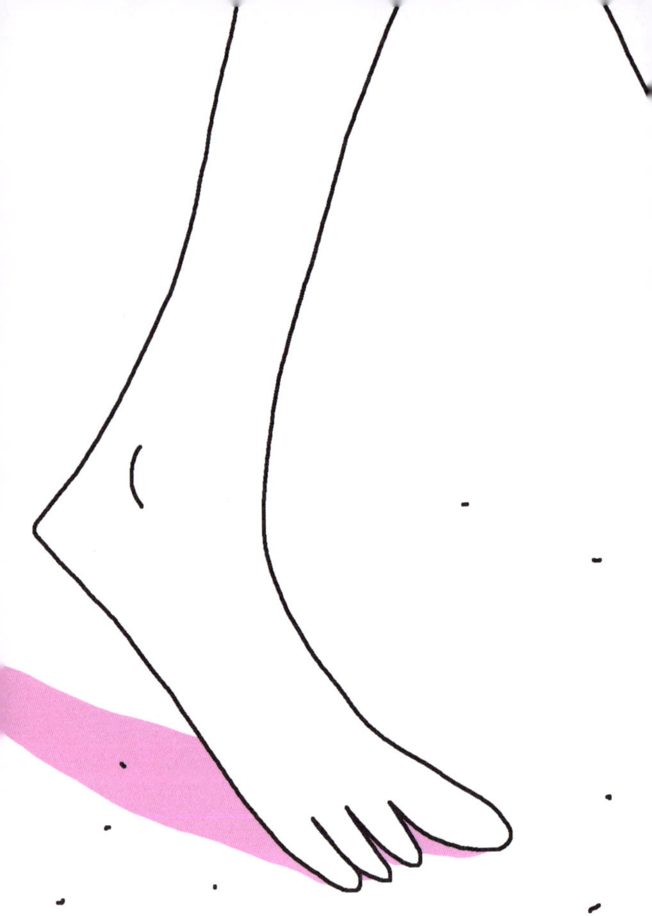

68

Cammina a piedi nudi.

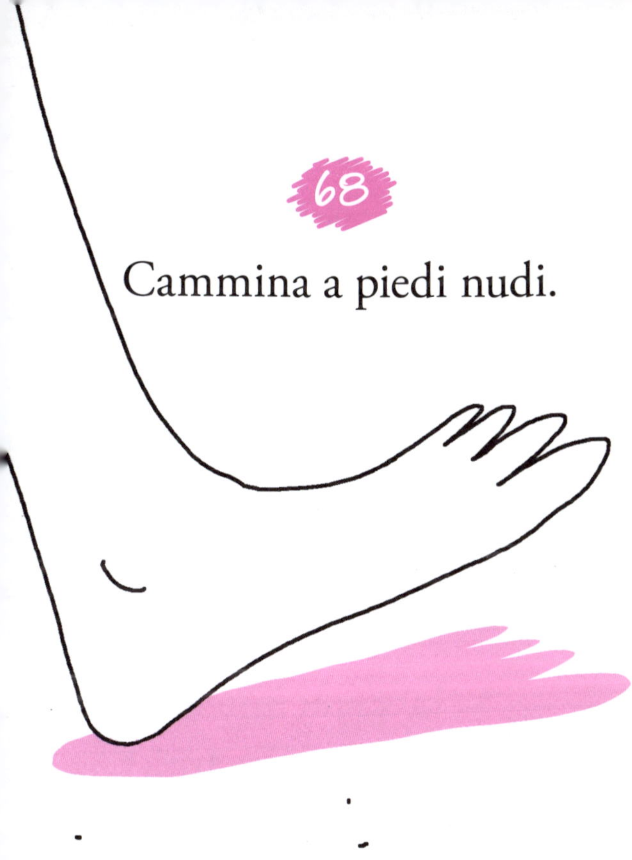

69

A volte,
chi se ne importa
di essere eleganti.

70

Credi nella magia.

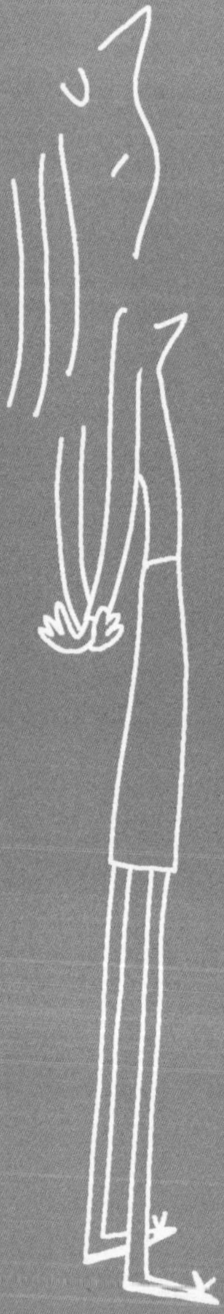

71

Su con la testa.

72

Tutto
con moderazione.

73

Anche la moderazione.

74

Bevi bollicine
e balla sul tavolo.

75

Tira fuori
la voglia di scoprire
il mondo.

76

Non perderti ciò che hai
sotto gli occhi
per scattare una foto.

77

Il caffè è una coccola
per l'anima.
Anche il tè.

78

Non farti maltrattare.

79

Fare degli errori
non vuol dire
essere una perdente.

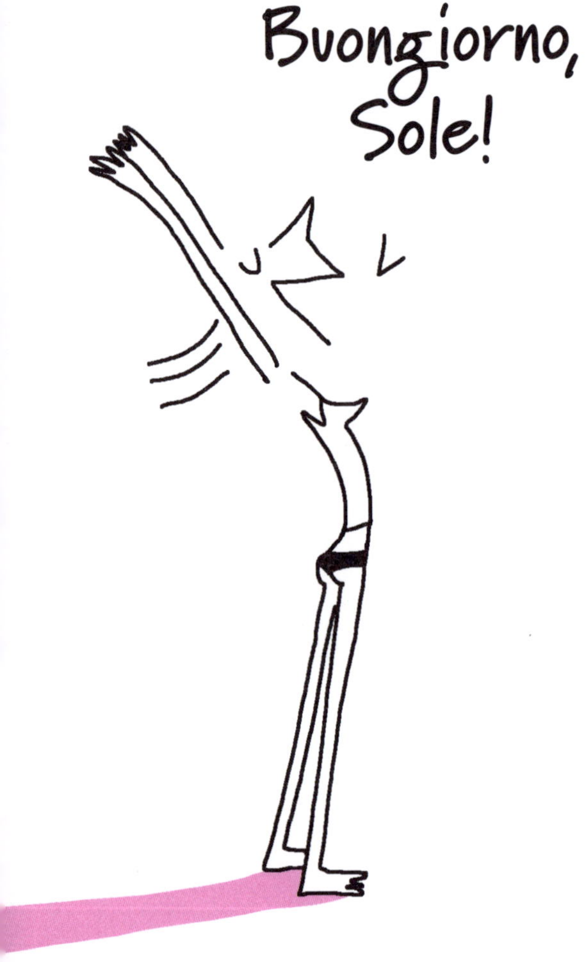
Buongiorno,
Sole!

80

Saluta sempre
il nuovo giorno.

81

Circondati di belle persone, di tutti i tipi.

82

Ricordati che non tutti
la pensano come te.

83

Non rinunciare mai
a un'esperienza
con la scusa che sei stanca.
Avrai tutto il tempo,
più tardi, per riposarti.

84

Se riesci, di' la verità
anche se fa soffrire.
Le bugie portano solo guai.

85

Ricordati di dire sempre:
«Ti amo»
prima di partire.

86

Non lamentarti
dei momenti di tristezza:
ti faranno apprezzare
gli istanti di felicità.

87

Non fermarti
alle apparenze.

88

Impara a conquistare
la prima fila ai concerti.

89

Fai la lista
di tutto quello
che vuoi fare
nella vita.

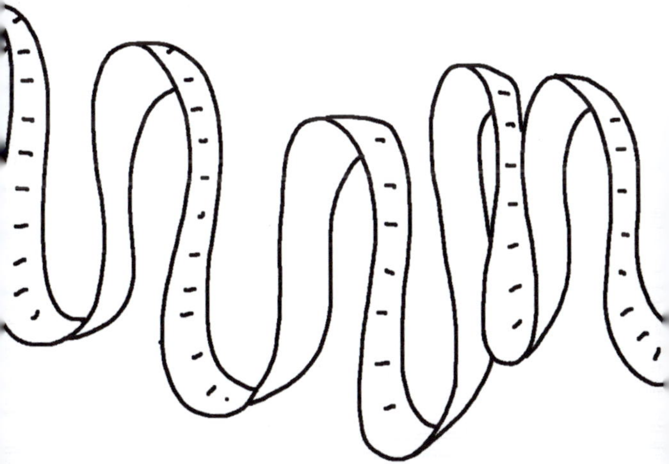

90

Fai la lista
di tutto quello
che hai già fatto.

91

Cogli la bellezza
in ogni cosa.

PAF

92

Esprimi sempre
un desiderio
quando ti cade una ciglia.

93

Impara ad amare
il suono della tua risata.

94

E ridi spesso.

95

Quando sei in campeggio,
non preoccuparti
di avere i capelli
in disordine.

96

Qualche volta
puoi essere sdolcinata.
È normale.

97

Quando vivi
un bel momento,
goditelo fino in fondo.

98

Sii curiosa di tutto.

99

Non sai mai in anticipo
da dove ti verrà
l'ispirazione.

100

Impara a distinguere
tra ciò che sei capace di fare
e ciò che veramente ti piace.

101

Non farti bloccare dalla paura.

Tante altre cose
che vorrei dirti...

....

....

....

....

....

....

....

....

....

....

....

....

....

....

....

....

....

Ideazione e coordinamento dell'edizione italiana
Antonio Monaco

Progetto grafico
Pikha

Copertina
Andrea Costanzo

Traduzione dal francese
Paola Costanzo

Redazione
Maria Teresa Sirna

Impaginazione, adattamento grafico
degli interni e stampa
A4 Servizi Grafici, Chivasso (TO)

I lettori che desiderano essere informati
sulle novità pubblicate dalla nostra casa editrice
o esprimere le proprie considerazioni su questo libro
possono scrivere, e comunque rivolgersi a:

Edizioni Sonda
Viale Abruzzi 72
20131 Milano
Tel. 02 29411863
e-mail: sonda@sonda.it
web: www.sonda.it